中华中医昆仑

张泽生
学术评传

张镜源◎主编

中国言文出版社

图书在版编目（CIP）数据

张泽生学术评传（大字版）/ 张镜源主编. —北京：中国盲文出版社，2015.11

（中华中医昆仑）

ISBN 978-7-5002-6597-9

Ⅰ. ①张… Ⅱ. ①张… Ⅲ. ①张泽生（1895～1985）—评传 Ⅳ. ①K826.2

中国版本图书馆 CIP 数据核字（2015）第 282857 号

张泽生学术评传

主　　编：张镜源
责任编辑：顾　盛
出版发行：中国盲文出版社
社　　址：北京市西城区太平街甲 6 号
邮政编码：100050
印　　刷：北京华联印刷有限公司
经　　销：新华书店
开　　本：700×1000　1/16
字　　数：42 千字
印　　张：6.75
版　　次：2015 年 12 月第 1 版　2015 年 12 月第 1 次印刷
书　　号：ISBN 978-7-5002-6597-9/K·358
定　　价：12.00 元
销售服务热线：（010）83190297　83190289　83190292

丛书编委会

前言

中医药是中华民族的伟大创造，是世界医学宝库中的夺目瑰宝，数千年来为中华民族的繁衍昌盛作出了巨大的不可磨灭的贡献，至今仍是中国医药卫生事业不可分割的重要组成部分，在维护民族体魄康健、促进经济社会发展中发挥着不可替代的作用。

中医药学，是中华传统文化和科技文明的结晶，是勤劳聪慧的中华儿女在几千年生产生活实践中，在与疾病作斗争的过程中，创造的独具特色的医学科学体系。它有着浓郁的民族特色、深厚的文化底蕴和丰富的哲学内涵。经过一代又一代中医药传人、一辈又一辈名医大家的实践探索、薪火传承、总结完善、创新发展，逐步形成了系统的理论体系、独特的诊疗方法、丰富的医学内容、实用的制药技术。具有疗效确切、用药安全、应诊灵活、普适简廉和预防保健作用显著的巨大优势，在世界医学之林独树一帜，为人类的文明进步与医疗保健事业，已经并正在作出积极的贡献。

为了弘扬中华民族传统文化，彰显中医药学家的丰功伟绩，当代中医药发展研究中心与中国文学艺术界联合会、国家中医药管理局新闻办公室、中华中医药学会、中国中医科学院、北京中医药大学、世界中医药学会联合会等精诚合作，在国家中医药管理局的支持和指导下，为中华近现代百年来贡献卓著、深受敬仰的150位中医药学家，编撰出版了这部大型传记丛书。丛书采用评传体裁，记载他们的生平事迹、医术专长、学术思想、传承教育、医风医德、养生之道和突出贡献，使这些宝贵的医学成就和精神财富发扬光大，千古流芳。

丛书取名《中华中医昆仑》。昆仑山，被尊为“万山之祖”，柱西北而瞰东南，立中国而凭世界，凌驾乾坤，巍然屹立。以其高峻豪迈、绵延起伏的磅礴气势，寓意中华中医药学历史悠久、博大精深和永不衰竭；以其挺拔雄伟、高耸入云的恢弘气魄，彪炳一代中医药学家的丰功伟绩、杰出贡献和不朽勋业。

丛书入选传主，从全国范围推荐遴选，遍及中医药界各个领域。有临床家、理论家、药学家、教育家、医史文献学家；有名师亲授、世医家教、学派传人、院校毕业和自学成才者；有师徒并驾、父子齐名和伉俪联袂者。他们学术造诣深厚、诊疗技术精湛、临床经验丰富、学科地位崇高、科研成果丰硕、医风医德高尚、国内外影响较大，从医学理论到临床实践，为中医药事业的传承和发展作出了突出贡献，是近现代百年来中华中医药界的杰出代表。

丛书的出版，对于弘扬中华文化，振兴中医药事业，造就中医药人才，普及中医药知识，具有重要的现实意义和深远的历史意义。这是一项开创性工作，填补了我国为著名中医药学家大规模撰写传记的空白；也是一项抢救性工作，因入选传主已仙逝过半，许多亲历、亲见、亲闻的史料日见散逸，将之收集整理、编撰成书，功垂后世、利国利民；更是一项承前启后的工作，总结传主经验，传承中医药伟业，继往开来，光耀世界医学之林。这部医文结合，富蕴历史性、学术性、文学性和实用性的鸿篇巨制，对医疗、卫生、科研、教育及全球关注中华中医药文化的各界人士，都有重要的参考和阅读价值。

丛书的编撰出版，是一项巨大的中医药文

化建设工程，在策划、撰写、编辑、出版过程中，自始至终得到了国家有关领导、政府部门及社会各界人士的关心和支持。国家中医药管理局高度重视，并组织专家对全书进行终审；数百名专家、学者亲临指导，参与规划；有关省、市、自治区卫生厅、局、中医局（处）给予大力帮助；传主及其亲属、弟子热情支持、密切配合；撰稿人深情满怀、辛勤笔耕；编审专家尽心竭力、精工细琢；关爱中医药事业的企业家热心公益、慷慨资助；全体工作人员不辞辛劳、无私奉献，这一切使丛书得以顺利出版。对此，我们深表谢意。

由于时间紧迫和资料搜集困难，加之水平有限，难免有疏误之处，敬请广大读者批评指正。

中华中医药学，历史悠久，源远流长，发端于远古，奔向于未来。百年对于历史，不过是短暂的瞬间；百人对于万众，不过是沧海一粟。然本丛书所记载的百年百人，则无疑是波澜壮阔的中医药发展史上辉煌的篇章和光芒闪烁的璀璨星辰。

张镜源

目录

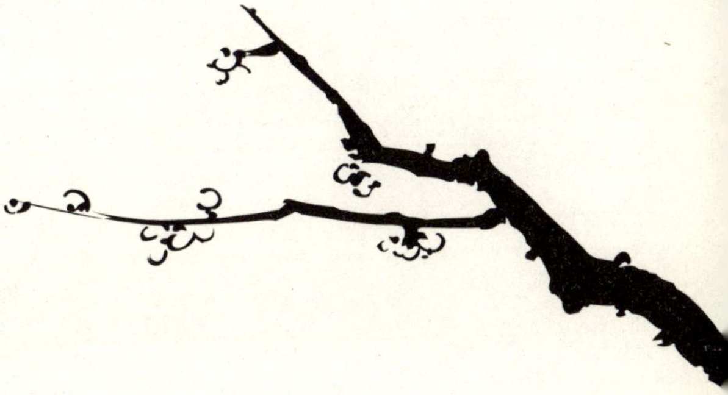

治病要有定法，读书要有选择，有批评，合我者用之，不合我者弃之，要去芜存菁，活用前人经验。

——张泽生

张泽生（1895—1985），曾用名树霖，字扫尘，江苏丹阳人，中医内科临床家，主任医师，教授。1950 年至 1955 年任丹阳县人民代表大会代表，先后担任江苏省政协委员、常委，中国中医药学会江苏省分会常务理事。早年在家乡丹阳开业行医，医名甚盛。1956 年调至江苏省中医院，为该院脾胃病专科的创始人。1981 年被国务院学位委员会评为首批中医内科学博士生导师。

张泽生专攻中医内科，早年在丹阳时，即以擅治温热时病和疑难杂症而闻名。至南京后，他重点研究脾胃病，对运用中医中药治疗慢性萎缩性胃炎、消化性溃疡、慢性结肠炎、慢性腹泻等有独到经验。他在学术上继承孟河医派贺钧之衣钵，一生推崇张璐（张石顽）、叶桂（叶天士），主张师古而不泥古，博采先贤之长，结合己见，去芜存菁，重视辨证，灵活施治。张泽生治疗急性温热病以存阴为第一要义，但又非纯用滋阴保津，而是遵循清热保津、急下存阴和透邪不伤阴的治则，使邪祛而不伤正；治疗慢性病以调理脾胃为要旨，根据《黄帝内经》中“五脏六腑皆禀气于胃”，胃气不伤则生化有源，胃气受损则运化无权，处处顾护胃气，冀得执中央以灌四旁。张泽生临证时，既重李东垣补中升提之长，又循叶天士甘寒濡润之意，圆融变通。他通过临床长期观察，认为萎缩性胃炎以中虚气滞者居多，治疗应以温中理气为主，临床上取得较好疗效。在遣方用药方面，他除善于利用药物的协同作用外，更善于运用药物之相畏、相反的拮抗作用，扬长补短，避害取利。

他曾发表学术论文24篇，主要著作有《张泽生医案医话集》。1983年研制的“张泽生教授脾胃病诊疗与教学应用软件”，经江苏省科技委员会组织专家鉴定，建议推广应用，并获省科学技术成果四等奖。

出生丹凤朝阳地 体弱学医入名门

在江苏省南部太湖流域，有一个美丽的地方，人称丹阳。她有着悠久的历史，是早在公元前221年秦朝设置的15个县之一，当时称曲阿，后改名云阳。唐天宝元年（公元742年），因境内生长着众多的“赤杨树”，“赤”与“丹”同义，“杨”与“阳”谐音，故名“丹阳”，后取“丹凤朝阳”之意，定名丹阳。民间神话故事“董永和七仙女”即发源于此地。

丹阳历来人文荟萃，名人志士，贤臣良将，代不乏人。近现代，丹阳孕育了著名教育家、上海复旦大学创始人马相伯，著名社会科学家、教育家戴伯韬，著名书画家、美术教育家吕凤子，语言学家吕叔湘，还有对革命事业做出过贡献的共产党人夏霖、黄竞西、管文蔚和匡亚明等一大批名人志士。也是在这块土地上，孕育了中医临床学家张泽生。

1895 年 10 月初，秋风送爽，丹桂飘香，地里的稻谷垂着金灿灿的穗子，美丽的江南农村就像一片金色的海洋。一场不期而至的细雨，给闷热的人们带来了秋天的凉爽和惬意。在丹阳农村的一个做丝绸生意的张姓小商人家里，一个新生儿呱呱坠地了。父亲按辈分给这个孩子取名为树霖。当时，谁也没有料到，这孩子就像这场秋雨润泽了一方土地一样，后来竟成为泽被苍生、名扬四方的一代中医大师。他以卓越的临床疗效、系统的脾胃病学术思想，发扬光大中医学，造福黎民百姓。

张树霖的父亲是一个普普通通做丝绸生意的小商人，没有太多的文化，一辈子没做也不敢做一笔大生意。在坎坷的经商过程中，他一次又一次体会到了文化和权力的重要，于是就像许许多多普通的中国百姓一样，望子成龙，把全部希望寄托在自己唯一的儿子张树霖身上，希望他日后能够出人头地，光宗耀祖。因此，父亲不惜代价，全力以赴供张树霖求学。张树霖 6 岁时，父亲将他送到邻村的一个名闻丹阳，培养了不少秀才、官员的私塾学习。张树霖天资颖悟，勤奋好学，过目不忘。那私塾倒也名不虚传，教书的先生均是乡间秀才，满腹经纶，授起课来谈古论今，妙趣横生，引人入胜。张树霖感到有趣，因而学起来特别用心，整日陶醉在四书五经、唐诗宋词等中国传统文化的海洋里。这一读就是 10 年。年少的张树霖风华正茂，意气风发，本拟参加科举，博取功名，成就一番伟业，不料风云剧变，清灭民兴，延续了上千年的科举制度一朝被废，学了多年的八股文一下子就没有了“用武之地”。处于世事变迁之际，并非生于富裕家庭的张树霖还承受着病痛的折磨。由于整日埋头苦读，疏于锻炼，他身体虚弱，长年咳嗽，虽多方问诊于名医，但都难以治愈。变动的时局与多病的身体，使他时常为自己的前途感到忧虑。

正当张树霖烦恼不堪之际，“四大医家”的兴起为他带来了扭转人生的契机，并使他走上了成为一代名医之路。当时，在邻近张树霖家乡的武进县，“费、马、巢、丁”四大医家赢得了众多赞誉，孟河医学流派因而享誉全国，各地慕名求医者络绎不绝地来到常州武进、孟河一带。每当夜幕降临，孟河上星光点点，舟楫相接，那大多是从全国各地赶来求医的船只。蜂拥而至的病人不仅扩大了孟河的知名度，也给孟河带来了巨大的经济繁荣。“不为良相，便为良医”，学习医术，济世救人，成了孟河乃至丹阳一带年轻人最崇尚、最向往的职业追求。

孟河医道之盛，医家辈出，正如孟河医派传人之一丁甘仁先生在《诊余集》序中所说：“吾吴医家之盛甲天下，而吾孟河名医之众，又冠于吴中。”当时清政府日益腐败，帝国主义侵略日趋猖狂，祖国文化备受摧残，中医药学更不例外。孟河医家的崛起，增添了中医学的活力，起到了鼓舞民族自信、自强的作用。这是孟河医家作出的历史性贡献。

在环境熏陶和亲友的影响下，父亲决定让张树霖走学医的道路。16 岁那年，张树霖开始正式接触岐黄之术。经人举荐，他先问业于同邑名医张伯卿先生。张伯卿以内、外科见长，享誉一方。张树霖学了两年，已经初入中医之门。后因张伯卿不幸亡故，张树霖不得不转师他人。经人举荐，他有幸得入孟河医派四大家之一的马家学医。

孟河医家，最具代表性的是“费、马、巢、丁”四大家。其中，马家从明代马院判起，世代业医。嘉庆、道光年间的马省三为孟河较早崛起的一位高手，著有《论症十六则》。马省三之子早殁，其孙马培之（号文植）自幼随其学医达16年之久，尽得其学。马培之又旁纳王九峰、费伯雄之学术经验，融会贯通，成为马家造诣最深、医技最精、影响最大的一代医家。光绪六年（1880年），他应诏进京诊视西太后之疾，颇得赞赏，名声大振，宫廷里传出“外来医生以马文植最著”的说法。从此以后，马培之“以外科见长而以内科成名”，翌年返乡，御赐匾额有二，一书“福”，一书“务存精要”，由是医名益显。马培之的徒弟丁甘仁、邓星伯、贺钧、巢渭芳等，均著声乡里，乃至名播全国。张树霖的老师就是马培之的高足贺钧。

贺钧（1866—1934），字季衡，晚年号指禅老人，丹阳人，14岁时师从马培之。贺钧学医很认真，进步很快。马培之很器重他，传授给他不少经验和秘方。5年过后，贺钧学有所成，准备回家了，马培之挽着他的手说：“我的医术由你去发扬光大，我放心了。”果然，回家不久，贺钧就看好了许多令其他医生束手无策的疾病，名声日益大起来。贺钧熟读历代医学名著，吸收其精华，并与马培之的学术经验相融合，通过不断实践，以“重调查了解症状，精心诊断，敢于创新，胆大心细”等特点而著称。

张树霖十分珍惜这来之不易的学习机会。当时与张树霖同学的有十几人，大多是贺家的至戚旧交。而张树霖非亲非友，全凭勤奋专心，刻苦钻研。他白天侍诊抄方，晚上随师出诊，抽隙攻读贺钧指定的经典医籍，医业日有长进，因而独得老师垂青。在此基础上，张树霖对金元四大家中李东垣的《脾胃论》研究较深，并终生推崇张石顽的《张氏医通》和叶天士的《临证指南医案》，奉为临证圭臬。在同期学生中，张树霖虽年龄不大，但性素随和，对古籍多能熟练背诵，学习上多与同学切磋，遇同学不懂之处能尽心释解，从不恃才自傲，因此被大家公认为“师兄”，有事都喜欢同他交流、讨论。贺钧十分喜爱这个学生，遂倾心相授，有意以衣钵相传。他亲自为张树霖更名为“泽生”，希望他日后能靠医术泽被苍生，救苦救难。在张泽生临出师门之时，贺均对张泽生父亲说：“泽生得吾衣钵之真传，他日之名，必在我上。”

张泽生 17 岁那年，母亲托媒人为他向金坛县一吕姓人家的小姐吕仪芳求婚。张泽生早闻吕家小姐不仅生得俊俏美丽，而且知书识礼，心中窃喜。不料，吕仪芳却担心嫁给“绣花枕头”，因此有意要考一考张泽生的才学，遂手书一上联，要媒婆转交给张泽生，限日落之前对上。如若对上则应允亲事，否则免谈。媒婆将上联转交给张泽生，说明姑娘想法。张泽生打开上联，只见上面写道：“红娘子身披石榴裙，头戴银花，比牡丹芍药胜五倍，从容贯众，到天竺寺降香，跪伏神前，求云母天仙早遇宾郎”。张泽生看后，不禁对吕仪芳更生爱慕。他略加思索，便写下下联：“白头翁手持大戟子，脚跨海马，与草寇甘遂战百合，旋复回乡，上金銮殿伏令，拜常山侯，封车前将军立赐合欢”。这一年的春节，张泽生凭着这一下联，迎得美人归。之后几十年的夫妻生活，吕仪芳与张泽生相濡以沫，始终支持夫君事业，相夫教子，任劳任怨，成为张泽生潜心研究中医药学的贤内助。

1919 年，张泽生跟随贺钧学医整整六载后，结束学业，辞别恩师，回丹阳县城燕子巷挂牌行医。其诊所直接取名“国医张泽生”，一以不负老师厚望，二来也显示了他对自己医术的信心。诊所并不大，前为诊室，后为住处，乍看并无特别之处，但大门上的对联却显示了这家诊所的与众不同：“百草巧治千种病，一方温暖万家心。”酒香不怕巷子深，诊所开业不久，病家见张泽生诊病脉理成章，写字也有几分秀气，处方用药与老师贺钧几无二异，诊病不论贫富贵贱，一视同仁，认真负责，遇贫病交加者，赐医送药，悯恤为怀，遂络绎而至。不久张泽生即名闻乡里，加上老师贺钧的推荐，就诊者每日盈门。

1937年，正当张泽生事业步入正轨，准备大干一番之时，中国发生了震惊世界的“七七事变”。日军到处烧、杀、抢、掠，“积德行善”的“国医张泽生”诊所亦未能幸免，其家产、古董、字画被日军抢掠一空。丹阳城里人心惶惶，人们四处避难，药材紧缺，诊所生意一落千丈。张泽生意识到，再留在丹阳，家人生命安全恐难得到保障，遂携一家老小，到老家上社村避难。岂料才离狼穴，又入虎口，张泽生回家不久即遭地方土匪抢劫，多年积存的800银元竟被抢光。不得已，张泽生托朋友帮忙，从扬州乘船到上海租界避难。

到了上海租界后，张泽生租下新闻路一处民宅，开了个小诊所，以维持家计。凭借高超的医术，他很快就在人生地不熟的上海租界立下足，一家人生活基本无忧，并将子女送到徐汇中学继续学习。

在上海租界避难 6 年后，张泽生思乡心切，回到丹阳，重开“张泽生诊所”，并安排次子张新晖跟随学习。张新晖继承父业，之后亦成为一方名医，在脾胃病上颇有建树。

那时病家请医师看病，不仅要看医生的疗效，而且要鉴赏医生的脉案医理。这就逼着医生每写一个脉案，都要细心斟酌，遣词用字，务求精当。尤其是关键处，理法方药要承前启后，一以贯之。张泽生由于有深厚的文学功底，又师出名门，得名师真传，因此所写脉案十分精彩，读后令人叫绝。兹择录二则他早年行医的脉案，以窥一斑。

案一：黄某，女，71 岁。头为诸阳之会，惟风可到；风为天之阳气，首犯上焦。风热引动温毒之邪，由少阳阳明外泄，两颊红肿发亮，透及耳根，但热不寒，便结溲赤。古稀高年，正虚不能一鼓驱邪，间有神昏谵语，舌红苔黄，脉弦数，大头瘟重症，势将内陷，亟宜普济消毒饮表里双解：银花、连翘各五钱，黄芩二钱，黄连八分，荆芥二钱，薄荷一钱，牛蒡子三钱，桔梗二钱，僵蚕三钱，甘草一钱，板蓝根、大青叶、生军各三钱，升麻二钱，马勃五分，豆豉四钱。一剂。外敷如意金黄散。

药后腑通八次，量多，热泄神清，面肿显退，两目睁开。既见效机，毋庸更张。原方生军改制军，加炒竹茹二钱，陈皮一钱。

案二：施某，男，72 岁。年逾古稀，肺脾早伤，肾阳衰微，火不归宿，浮越上炎，面赤火升，短气不足以息，两脉参差不齐，舌苔腐黄，底白质淡，法当温补摄纳，潜阳入阴，导火归宅，宗桂附八味丸加减：大熟地四钱，上肉桂（后下）三分，熟附片八分，红参须二钱，煅龙骨四钱，煅牡蛎五钱，白芍三钱，法半夏二钱，陈皮一钱，灵磁石五钱，胡桃肉三钱，青盐三分。五剂。

次诊：补肾纳气，引火归原，药入尚合，火升面赤、心悸气喘、脉不整均有减轻，原方再进。

胸有成竹用药神
遣药组方细权衡

张泽生初行医时，自恃师出名门，又治好了不少病人，遂觉自己掌握了辨证论治的法宝，认为“天下无不可治之病”。及至诊治病人越来越多，遇到各种疑难怪病也愈加复杂。有些病人“无证可辨”，有些病人苔脉不合，有些辨证模糊不清，用药效果也不好。如何辨证更准确，识证更无误？年轻的张泽生日思夜想，渴求解决之道、突破之径。

一日，张泽生坐在书桌前研习医籍，偶见窗外竹林青翠欲滴，随风摇曳，婀娜多姿，不禁眼前一亮，联想到宋代苏轼在《文与可画筼筜谷偃竹记》中所说的“故画竹，必先得成竹于胸中”的故事。故事说的是，北宋画家文与可在自己家的房前屋后种上各种各样的竹子，无论春夏秋冬，阴晴风雨，他经常去竹林观察竹子的生长变化情况，琢磨竹枝的长短粗细，竹叶的形态、颜色。每当有新的感受，他就回到书房，铺纸研墨，把心中的印象画在纸上。日积月累，竹子在不同季节、不同天气、不同时辰的形象都深深地印在了他的心中。只要凝神提笔，在画纸前一站，平日观察到的各种形态的竹子立刻浮现在眼前。所以每次画竹，他都显得非常从容自信，画出的竹子，无不逼真传神。当人们夸奖他的画时，他总是谦虚地说："我只是把心中琢磨成熟的竹子画下来罢了。"后人就用"胸有成竹"比喻在做事之前已经拿定主意。想到此，张泽生心中豁然开朗。原来自己之所以用药不灵，还是在于看病前不能像文与可那样"胸有成竹"啊！

于是，张泽生通过精研《张氏医通》和一些医案医话，反复琢磨老师诊病识证的功夫，细细玩味前人对医案的批语，重视医案辨证关键之处。如病状或病名相似，为何彼作那样的辨证，此则作这样的辨证，并从古方加减一二味处，细推其理。遇病人来诊，他必耐心细致地望闻问切，收集第一手资料；病人服药后，再观察病人的反应，以验证自己辨证用药准确与否。

一天，张泽生接诊了一位未满20岁的湿温证患者，因白痦内陷而神昏。经治，热退神清，能食，唯舌喑不语，迭从痰热阻肺、肺气不宣治疗，无效，以后自下黑便盈桶，而突然喑开能语。张泽生自责当初未识这是“瘀血内阻脉络”之证，心想，若早用祛瘀通络法，很可能早愈。从此病人身上，张泽生更是悟出了识证的重要性，愈加悉心研究起识证的技巧来。

功夫不负有心人，时隔不久，张泽生在识证用药上，果然能胸有成竹了。如一失音患者，病起八月，前医以宣肺利气、泄热化痰治之无效，继而清润肺肾之阴，其症依然。张泽生抓住患者心烦不寐、溲黄、胸闷等症，辨为心火不降，肾水不能上承，肺气不宣而成失音，在前医方中加麻黄四分，木通一钱，次日声音即亮，病即霍然。原来，张泽生巧妙地将麻黄与养阴剂同用，不仅能宣发肺气，且可引阴柔药上承润肺。又木通苦泄入心，使心火得降，水火相济。上下通达，气化如常，水升火降，肺气清润，故声音即开，确是匠心独运、画龙点睛之笔。

又曾治一黄姓女患者，头昏心慌，形瘦食减，舌质暗红，起小红点，曾在南京几所医院做过详细检查，均未发现有肠寄生虫卵。张泽生根据其舌前布满紫红色小点，认定是虫积所致，认为化验检查可能存在误差，果断处以当归、白术、炙甘草、胡黄连、吴萸、木香、乌梅、槟榔、榧子肉、白芍等。10剂后，果然便下寸白虫成团。三诊时察其舌，紫红色小点亦已大减。

又诊一女患者，右少腹经常作痛，西医诊为慢性阑尾炎，曾用大黄牡丹皮汤、薏苡附子败酱散等方，腹痛依然，面色萎黄，杳不思食，舌起红点，面部有白斑。张泽生诊为虫积腹痛，而非肠痈，乌梅丸改做汤剂，温脏安蛔，药后排出蛔虫十多条，腹痛乃愈。

一汽车司机徐某，40 余岁，以腹痛痢下十余次而入院，服白头翁汤加大黄、升麻，二剂病不减，邀张泽生会诊。询之病起五日，开始有寒热，腹痛拒按，口渴不欲饮，脉细小兼滑，舌苔干红少津。一向体健少病，食量强，由于工作关系，每次吃饭只有 10 分钟时间，只能囫囵吞枣、狼吞虎咽地进食。张泽生了解了此情况，进一步察舌切脉后指出，此乃伤食感寒，不是痢疾。邪滞交阻，肠胃不通则痛，拟宣中导滞，处方以小陷胸汤加川厚朴、山楂、六曲，配木香槟榔丸，上、下午各一剂。越日大便较畅，腹痛肛坠亦轻，脘仍痞闷，且增呃逆频作，舌质干红如故，脉亦如昨。张泽生谓此为下焦肠腑结蕴初化，中焦湿滞犹存，欲从热化，予原方去木香槟榔丸，加竹茹、柿蒂、橘皮，二剂而安。当时，一个实习医师请教张泽生：“我们作痢疾诊治，而您从伤食感寒论治，我们顾虑舌干红、邪已伤阴，而您不顾舌苔，从症从脉治疗，应手而愈，何也?”张泽生解释说：“辨证需从病人体质强弱及时令气候入手，再结合苔脉、病之新久、饮食起居、粪便之色泽、脘腹拒按与否，各方面综合分析。首先，此患者病起五日，由于饱食后感受新邪，邪滞交阻，表里同病，经西医注射氯霉素，寒热退而未清，腹痛里急，便下不畅，此时里证重于表证。舌质干红少津，由于阳明经腑同病，气化失宜，津液不得上承。因其身体素健，并无他病，非若伤寒温病阳明腑实、热灼伤阴，需用泄热存阴之类可比。其次，进苦辛通降、苦温宣化后，大便通畅，腹痛里急已松，而中焦蕴热未清，清升浊降失常，乃增呃逆频作，故于原方内去宣化之味，加重苦降及清胃之品，呃逆即止，胸痞得释。再次，邪滞已解，胃和思食，唯舌质尚干，清养胃阴以善其后可也。最后，如作湿热痢疾治疗，虽不大误，但过进苦寒，湿滞反而凝结，致克伐胃气，延绵时日。如果升麻、大黄并用，即属不当，此症不是时行疫疠，不须用此表里之重剂。”

类似病例尚多。张泽生常告诫其门生说：临证先要认病识证，察其病机，然后随证立法，选方用药。其中识证乃关键所在，所谓“谨守病机，各司其属”。识证比认病、立法、遣药更重要，掌握也更难，需多参先贤经验。经过多年临床磨炼，于错综复杂处细细推究其病理关键，认证才能有把握，治法才能切中要害。

识证准确了，遣药组方还需细细权衡。经方、时方是历史上形成的两大用药派别。在张泽生看来，中医历代许多名家，既不是经方派，也不是时方派，而是求实派。如叶天士，一般人认为他是时方派，其实他最能活用经方治时病。如增水行舟法，即是活用经方承气汤的例子。叶天士灵活变通其制，参以自己的经验方药，形成独创的用药风格。清代名医张石顽不拘于经方、时方之别，也属此例。因此，作为一名身负救死扶伤重任的医生，一定要根据临床实际，以疗效为检验标准，或用经方加减，或用时方增损，或经方与时方配合，变古方之制为我所用，或参酌数方之意融为一方，或参以单方、验方，随病机层次组成新的处方。总之，有效即是好处方，不必拘泥于派别、门户之争。至于用药，不在药多，而在精炼，主次轻重得当；不在量大，而在轻灵对证。这就需要深究方药，反复体察病人药后反应，取得经验后，才会有自己的成法成方。这看起来平淡，其实平淡中蕴藏着神奇，是在长期实践中反复摸索出来的规律和精华。当然，这需要取诸家之长，融会于自己心中。

张泽生曾遇一心悸患者，头昏思睡，胸闷难受，血压96/62mmHg，心率42次/分钟，西医诊为“病态窦房结综合征”，经多种中西药物治疗，均不见好转。某“西学中”医生曾试用中药治疗，但药量颇大，其中细辛用到五钱，另有补骨脂、麻黄、黄芪、太子参、丹参、熟地、五味子等，共服105剂，心率仍每分钟40多次。张泽生则根据其面色无华、心慌、气短、神倦、脉迟、舌质暗红偏紫，诊断为心气不足、心血痹阻，药用党参五钱，炙黄芪、当归各三钱，紫丹参五钱，川桂枝一钱，红花三钱。先后服用90剂，诸症消除，心率增为每分钟60次。上方既非经方，又非时方，用药不多，药量适中，不过是黄芪建中汤出入增损的普通方剂，然疗效可靠，值得借鉴。

辨证既明，还要根据病情的轻重缓急，反

复权衡斟酌，制方用药，才能恰到好处。如治温病，有人往往不问邪之轻重，概用黄连、石膏。凉药太过，反伤真火，以致汗出肢冷，烦躁不寐，面赤如妆，真阳浮越而欲虚脱。张泽生治温病，邪在气分不解有逆传心包之势时，主张在用药配伍上权衡轻重。因为温病受邪初在肺，次传心包络，终传于心，因此必须审察邪在肺卫、心包络之间各居几分。如肺卫七分，当以肺卫为主，稍加入心包之品，常以薄荷或豆豉与鲜石斛、鲜生地同用，加万氏牛黄丸；如肺卫三分，心包七分，则以心包为主，稍加肺卫之品。如不知此理，见其舌黄、大渴、脉数（肺卫七分），稍有谵语烦躁（心包三分），便骤用犀角地黄汤（犀角现已代用）、紫雪丹、至宝丹、牛黄丸等入心之品及菖蒲、郁金之类，往往反致昏沉不语。此乃病轻药重，自开心窍，使邪入内室所致也。

丹阳一个 3 岁小孩，高热不退，咳嗽，气喘，无汗，当地医生用麻杏石甘汤无效，家人十分着急，来找张泽生诊治。张泽生认为前医辨证正确，用药亦对路，确属麻杏石甘汤证，仅在其原方中加入豆豉12g，嘱患者回家服用。结果，服药一剂热即退。徒弟问其原由，张泽生解释说：豆豉一物，本有透表功效，又由于在炮制时用了麻黄，因而加强了其发汗、透表功效。前医用麻杏石甘汤无效，非辨证选方错误，而是“火候”不到，发汗力量不够，乃石膏凉遏，影响了麻黄的发散作用。

马鞍山一王姓妇人，拔牙后出血时间过长，失血过多，经治疗虽然血止，但落下了怕冷的毛病。盛夏亦畏冷而不敢开窗、洗浴，出汗不止却又不敢用湿毛巾擦身子，只能用干燥的大浴巾裹在身上，待潮湿后再更换另外一条。因此，张泽生去会诊时，首先映入他眼帘的便是挂晒在室外的一条又一条长浴巾。张泽生仍从前医益气温阳补肾固卫法治疗，但加用了一味药引子——桂圆壳。会诊三次后，病人怕冷明显好转，之后又经十多次诊治，痼疾彻底治愈。

张泽生治慢性病，用药精炼轻灵，多着眼于脾胃后天之本。脾胃为生化之源，一身元气之本。他认为，如能正确调理脾胃，可杜渐防微，振衰起弱，有时还能治沉疴大疾。培土可以生金，扶土可以抑木，健脾可以助肾，许多疾病可以通过调治脾胃而获良效。对任何疾病，处方用药都要考虑勿使患者的胃纳呆滞或衰败，尽量少用、慎用燥烈滋腻或腥臭苦涩之品，防止“水去则荣散，谷消则卫亡，荣散卫亡，神无所依”。慢性病，用药要照顾醒脾和胃。对于中气虚弱，或病后胃气不醒者，张泽生最喜用香砂六君、香砂二陈汤和枳术丸，并常配用一些轻淡之品。如脾虚泄泻或清气不升者，配荷叶以芳香醒脾，引胃中清气上升；中气不醒或兼痰湿者，加冬瓜子、糯稻根以和中化痰，悦脾醒胃；病后胃气薄弱者，嘱病人用生姜片，以白糖渍后置饭锅上九蒸，再在阳光下九晒。九蒸者，得水谷之气，九晒者，得天地之气，入胃可使胃气冲和。饭后食姜一片，用之每验。

张泽生曾用中医养正消积法治愈一例妇科癥积患者，被传为奇谈。患者系张泽生友人贺某之妻，抗战时期，逃难在沪，颠沛流离，起居不安，遂患血崩，经潮如涌，面黄神疲，卧床不起。西医诊断为卵巢囊肿，大如碗口，亟需手术治疗。然其体弱不任，求中医治疗。他医迭投止血之剂罔效，服破癥之药则痛更剧。后辗转找到张泽生诊治。张泽生认为，此乃劳倦伤中，气虚血滞所致。用别直参 9g，桂圆肉 20 枚，煎汤服数日，崩漏渐止。药饵调摄四月后，积块消散而告愈。张泽生常说，壮人无积，虚人则有之。用药如用兵，贵在精而不在多。人参大补元气，龙眼养血归脾，甘温补益，脾运渐复，气旺血行，养正而积自消矣。

又一病者余某，男，40 岁，患劳瘵十余载，反复咯血，近月又增便泻，日二三行，胃纳欠馨，咳嗽痰白，舌淡红苔白，脉细。此脾肺两虚之候，亟宜培土生金，乃投南沙参、怀山药、于术、川贝、白芍、茯苓、甘草、煨木香、白扁豆、橘白、谷芽等。服五剂，泄泻即止。后以健脾补肺之膏剂调理，精神渐振，体重增加，咯血亦愈。

张泽生认为，用药要根据自己的经验和识见，学古而不泥于古。如他治疗气火咳嗽，用泻白散加减时，常用桑叶易桑皮。桑叶既可宣散风热，又具凉肝清火之功；桑皮仅能泻肺，且易恋邪，非肺热而喘，不宜早用。他还认为，用药以对证胜病为宗旨，不可自炫新奇，以图出奇制胜，也不可依样画瓢，抄袭前人方药，否则往往适得其反。当治疗无效时，应细推其因，是药不胜病，还是不切病机，而不要随意加量。当看到他医用药量大不能取效时，其弊往往就在于量大，药不得法。这时若用轻可去实之法，守方治疗，或可取效。

由博返约巧读书
取精于宏重实践

张泽生初学医时，曾读《本草从新》、《药性赋》、《汤头歌诀》、《成方便读》、《医宗必读》、《医宗金鉴·杂病心法要诀》、《医醇賸义》、《脾胃论》、《临证指南医案》等普及书籍；入门后，他开始学习四部经典，反复阅读，对临床有意义的内容或一些警句，熟读默记，边读边在书上加圈加点，或附以按语；行医后，他泛览了一些有代表性的医学著作，包括近代名医的著作文章，而其一生所笃嗜者，当推《张氏医通》。这还是受了老师贺钧的影响。贺钧对《张氏医通》甚为推崇，认为张石顽的临床经验极为深厚，足资借鉴。他的著作，既承《灵枢》、《素问》及各家论说，又参以自己的学识经验，附有医案医话。张氏议病论方朴实详尽，甚切实用，很少浮泛之词。张泽生常对门徒说，自己平生主要有两位老师，一位是贺钧，一位是张石顽，而两位老师的学识经验可谓一脉相承。张泽生用药喜以甘温和中取效，实得益于此。

书本知识固然不可少，但张泽生同时又认为，业医一段时间后，还要有定见。读书要有选择、有批评，治病要有定法，合我者用之，不合者弃之，要去芜存菁，活用前人的经验。他主张经典著作要熟读精读，其他可以泛读博览，最后要重点反复研读一本实用书籍。从书到临床，再从临床到书，反复数次。定型以后，可参看一些名家医案医话、杂志文章，广搜博取，以丰富自己的见识。只有这样，实践功夫才能纯熟，这就叫做“取精于宏”。

张泽生反对泛泛读书，强调在实践中求得真知。他观察到，师父贺钧用药不奇而每能愈大病，有时仅在前医处方上稍改一二味，或剂量稍加调整，其效立显。张泽生常想，为何老师读书不算太多，而临床遇证，左右逢源，有的医家，读书盈箧，却治不了病？经过反复观察和体会，张泽生认为，这与贺钧一生强调理论联系实际是分不开的。待张泽生有点名气之后，更体会到中医之精华实在于临床，读书临证当以提高疗效为本。

一妇新产卧床，忽见烛光下有人影一闪，呼之不应，复视之，果无人，因受惊恐，当夜即恶寒发热。请附近医师诊治，投以疏表之剂，寒热退而神志恍惚不安，合目则呓语喃喃，溱溱自汗，用养血镇心安神之剂无效，即入丹阳城，邀张泽生往视。其脉细数不清，舌质红，神色有恐怖之状。细悟之，此属新产百脉空虚，先因惊而伤心，后因恐而伤肾。汗为心液，汗多则心阳外越，神无所依，神去则舍空。即予归脾汤加生脉散，重用五味子收敛心神，五剂而愈。《张氏医通》认为，悸主于心，而肝胆脾胃皆有之。可见读书不能读死，临证要机圆法活，其精华于此可见一端。

又如一女性患者，48 岁，偏头痛已 15 年，越发越频，越发越重，痛势颇剧，如锥如刺。其头部恶风怕冷，两目流泪，不能睁视，经中西医治疗，收效不著。张泽生诊其脉沉细，舌质暗红偏紫。盖“头为诸阳之会，风寒袭于脑府，久痛入络”。因以验方治之：白芷、僵蚕各六钱，生制川草乌各一钱，甘草二钱。上药共研细末，每服一钱，每日三次，清茶调服。药后除自觉口唇稍有麻木外，无其他不适。二诊脉沉细，舌边紫色，头部风寒已解，气血尚亏。继以补益气血汤巩固，随访三年，未再发作。按一般医书记载，头痛或因外感六淫上犯，或为七情，木郁化火上冲，或因内伤，肾水亏乏，水不涵木，肝阳上亢，或痰或瘀，均可导致。偏头痛亦然，而治疗更为困难。过去张泽生按常法治疗，效不巩固。后来他温习《内经》“寒气入经而稽迟，泣而不行”和《张氏医通》“头痛数岁不已，当有所犯大寒”等论说，取乌头大辛大热，散风除积冷，生乌头止痛有神效，白芷祛风止痛并引药上行，僵蚕祛风痰通经络，甘草解乌头之毒，且祛邪不伤正。该方药少而精，用于风寒顽固头痛，屡用屡验。上方一般六天可定痛，再服六天可除根。这就是从实践中摸索出来的经验，可见中医之精华，实在乎临床。

脾胃健旺五脏安
升降润燥六主张

张泽生精通内科、妇科、儿科，擅治温病和杂病，尤对脾胃病造诣颇深。他认为脾为后天之本，脾胃健旺则五脏安和。四季脾旺则不受邪，脾胃的盛衰直接影响疾病的发生、发展、转化和预后，所以他治病时多从调理脾胃入手，主要有以下六条主张。

第一，脾胃健旺，五脏可安。

张泽生认为：“中土为四运之轴，上输心肺，下益肝肾，外灌四旁，充养营血，脾胃一健，则谷气充旺，可令五脏皆安。”所以治疗外感也要处处照顾胃气，邪势既衰则应尽早恢复胃气。对内伤诸病，更应着眼脾胃，分清主次、轻重、缓急，妥为调治。用药则需反对滥施攻伐或滞补，以免损伤胃气。如对慢性肺结核、慢性支气管炎等慢性肺系病证属脾虚生痰壅肺者，他常用培土生金之法治疗，疗效满意。对木旺克土，肝胃不和之证，常用抑木扶土之法，肝胃兼治。若兼阴虚，则加敛阴泄肝之品。若肝气犯胃，胃气见虚，常用培土佐疏肝、泄肝之法。对慢性肝炎见脾胃虚弱，血不养肝之证，多用归芍六君子汤加味，以扶土养肝而见功。对肝硬化腹水的肝脾两亏证，则用扶土固木法，兼化阴邪而取效。对脾虚及肾，水湿泛滥之阴水，则用实脾制水之法。

如一位 39 岁男性患者，肝病年余，食少，午后腹胀，两胁胀痛，二便尚调，舌质瘀紫，舌苔白，脉细软。辨为肝病及脾，脾虚气不化湿，治以健脾和胃，理气化湿。药用党参、炒白术、大腹皮各 9g，炒建曲、炒苡仁各 12g，木香 3g，半夏 5g，枳壳、香橼皮、青皮、陈皮各 4.5g，生姜 2 片。药服一旬，两胁痛除，腹胀大减，饮食亦增。再以前方加桃仁、红花、桂枝等化瘀温阳之品，调理月余，面浮晦暗不泽、舌质瘀紫等症均退，精神也恢复正常。

第二，依据特性，升降润燥。

张泽生很赞赏叶天士“脾为阴土，胃为阳土，脾恶湿，宜升宜燥，胃恶燥，宜降宜润”之说，强调临证必须依据脾胃的特性及其相互关系，调整其升降润燥之偏。

张泽生认为，升与降，润与燥，相反相成，在病机上相互影响。如脾气下陷，可致清阳不升或气滞于中。胃气不降，可致浊阴上逆或腑浊内结。胃失润降，燥热太过，脾可成焦土；脾失健运，寒湿凝集，可伤及胃阳。临证须察在脾在胃，或脾胃同病，权衡两者何主何从，正确处以方药，以复其升降润燥之性。

益气升阳，提携中气，常用党参、黄芪、当归、白术、甘草等，配升麻、荷叶、葛根；和胃降浊，濡润通导，多选旋覆代赭汤、枳实导滞丸、麦门冬汤、橘皮竹茹汤等；升清降浊，用六和汤；温化寒湿，消滞升清，则用费伯雄和中化浊汤（茅术、厚朴、茯苓、枳壳、青皮、砂仁、木香、乌药、山楂炭、神曲、车前、荷叶、煨姜）；滋养胃阴，用麦门冬汤、沙参麦冬汤、消渴方；芳化燥湿，选平胃散、二陈汤、三仁汤、藿朴夏苓汤；脾阳、胃阴均虚，治宜兼顾而重在脾，但健脾不宜用温燥，宜用白扁豆、生苡仁、太子参、生白术、怀山药、莲子肉、茯苓、冬瓜仁、糯稻根等甘平之药，酌加沙参、麦冬、乌梅炭、石斛、白芍等甘寒不碍脾之品。

增液通便，常用增液承气汤加当归、火麻仁、全瓜蒌、决明子、郁李仁；老人多加肉苁蓉、黑芝麻；润燥还应加紫菀、杏仁、桔梗以开肺润肠；补气化痰，用人参伍莱菔子，一补一消；补气化瘀，选人参配五灵脂。

如一乳糜血尿患者，女，24岁，尿如米泔

一年，曾用西药“海群生”及中药治疗未效。左腹疼痛，尿浊，夹有血块，舌胖苔白，脉濡细。尿蛋白（+++），乙醚试验（+）。用益气利浊和营之剂调治月余未见改善，且左少腹坠痛，舌体胖大，脉转沉细。改用补中固下，升清化浊法。药用潞党参、炙黄芪、升麻、炒白芍、炒白术、当归、小茴香、乌药、萆薢、益智仁、桑螵蛸等。连服数剂，小溲转清，舌转淡红。连诊五次，尿检及乙醚试验均转阴，病获痊愈。

第三，补养脾胃，勿峻勿壅。

张泽生强调：“脾以运为健，胃以通为补。”主张平补、运补脾胃，不恃峻补、缓补。他认为，脾虚多为运化无力、脾精不散、湿邪困中所致，治疗重甘平助运。脾得健运则湿化气行，如单用甘腻峻补，反碍气机，助湿生满。所以临床常用五味异功散、香砂六君子汤、行健汤（黄芪、人参、茯苓、白术、甘草、当归、白芍、陈皮、砂仁、木香、青蒿、料豆、大枣、生姜）等方。

偏脾阳虚，选用黄芪建中汤、补中益气汤、理中汤等，但亦常加理气化湿之品，以畅泄气机；痰湿偏重，则不用参、芪等之甘，而取二术、苡仁、白扁豆、冬瓜仁、茯苓，配法半夏、陈皮、川朴、荷叶、郁金等，以奏健脾化湿、芳化辛开之功，使脾胃自苏；对气滞脘痞，兼有中虚者，喜用枳实消痞丸，以辛开苦泄，理气助运；中虚食滞，用枳术丸加味，消补兼施；泻痢初愈，每以扁豆、苡仁、山药、白芍、白术、木香、建曲等平补善后；胃纳不振，加砂仁、蔻壳、谷芽、麦芽、冬瓜仁等悦脾醒胃；久泻脾虚及肾，不用附、桂辛热之药，而配煨豆蔻、益智仁、补骨脂、吴萸、炮姜等，与甘温助脾药同用。

胃燥津伤，阴液不足，方用沙参麦冬汤、麦门冬汤、一贯煎，药选生地、玉竹、天花粉、石斛、南沙参、北沙参、黄精、麦冬等甘凉之品，不用熟地、阿胶等味厚滋腻之药。兼气虚时，参、芪、术多生用，或加瓜蒌、地锦草、蛤粉，使润中有通。如上药无效，且胃酸缺少，而兼有肝经症状时，多配乌梅、白芍、木瓜、甘草酸甘化阴，少佐桑叶、厚朴花、佛手、川楝子等轻散不燥之剂。

一女，36 岁，阴血不足，中州失濡，虚热犯胃，症见嘈杂、善饥，咽干，面易烘热，大便干结，舌红少苔，脉弦细数。以甘凉濡润、清肝和胃为治。药用南沙参、麦冬、白芍、柏子仁、桂圆肉各 9g，乌梅炭、黑山栀、炒竹茹各 4.5g，法半夏 5g，熟枣仁、白蒺藜各 12g，红枣 4 枚。药后诸症均消。停药后脘部又觉嘈杂，头昏，大便较干，舌红少苔，脉细。辨为肝阳初潜，阴血尚亏，守原方，去竹茹，加炙甘草 3g。仍咽干舌燥，心痞嘈杂，舌红少苔，脉细。此为阴血不足、津不上承，宜养血生津。

药用南沙参、麦冬、白芍各 9g，川石斛、生地、柏子仁、桂圆肉各 12g，桑叶 6g，炙甘草、乌梅炭各 3g，红枣 4 枚。药后诸症消失，大便尚干，用桑椹膏调治而愈。此即甘凉不腻，润中有通之法。

第四，痛辨八要，泻分暴久。

张泽生认为，胃脘痛的辨证以虚实、寒热、气血、脏腑八字为纲要，而证的确立，应以主要证候为依据。他的经验是：新病暴痛，多在肝胃，属实；久病不愈，多在脾胃，属虚。胀满属实，饱则痛甚，多属实滞；隐痛绵绵，得食稍安，多为中虚。补而不效多实，疏而不着多虚；脘痛阵作，痛势急迫，灼热口苦，为胃有实火；脘痛口淡，得热痛减，为脾胃虚寒。胃脘灼痛，嘈杂似饥，口干苔净，为胃阴不足或阴虚胃热。嘈热醋心，或兼吞酸，多为肝胃郁热；痞胀拒按，得矢气或嗳气则舒，多为气有余；脘闷食后为甚，气胀作坠，多为气不足。

呃逆噫嗳，气逆在胃，胀及胸胁少腹，气滞于肝；初病痛而且痞，病在气分；脘痛经久，刺痛拒按，已入血络；有便血者，或素嗜酒，多兼瘀；便下黑血，疼痛拒按，为络伤之血凝聚，瘀阻于胃。在辨八个要证的基础上，再分证治疗，则宜针对主证施药，适当照顾兼证。对泄泻，他认为病变中心在脾胃，但与肝、肺、肾各脏有关，主张分暴泻和久泻施治。暴泻多见于夏秋，有兼感、湿浊、热湿之异；久泻则有脾虚（或夹湿、或气陷）、脾虚肝郁、脾肾虚、脾肺虚之别。

一女，32岁，病史十余年，外院确诊为肠结核。症见腹部胀满，大便不实，虚坐努责，肛门作坠，舌淡苔白，脉沉迟。辨证属脾虚气弱，清阳不升。治以益气健脾升清。药用党参、白术、炙黄芪、半夏、沉香曲各9g，陈皮、枳壳、香橼皮各5g，升麻、木香、炙甘草各3g，炮姜1.5g。二诊时腹胀已消，肛门作坠亦减，食欲渐振，唯大便三日未通，舌质淡白，脉较有力。此为清阳初升，阴血尚亏，肠腑失于濡润。原方加淡苁蓉、黑芝麻各 9g，去沉香曲。服后大便畅通，腹胀已除。在原方基础上调理至愈。

第五，慢萎胃炎，中虚滞多。

张泽生通过系统的临床观察，认为慢性萎缩性胃炎涉及胃、肝、脾，病理有虚实寒热和升降润燥过偏等不同。临床表现以标本虚实、脏腑相兼者为多。他统计的 197 例萎缩性胃炎中，属中虚（气虚或阳虚）气滞的占 55.1％，肝胃不和的占 18.5％，胃阴不足的占 16.9％，气滞血瘀的占 9.5％，其中还有兼痰、伤络之变。所以他主张治疗用甘温调中为主。中虚气滞用健脾行气法，方用香砂六君子汤或黄芪建中汤加减；肝胃不和用疏肝和胃法，以柴胡疏肝饮合四逆散加减；胃阴不足用甘凉养胃法，或佐微酸，选益胃汤、沙参麦冬汤，合乌梅、白芍、豆衣；气阴两虚，常用太子参、生白术、山药、扁豆、苡仁、石斛、玉竹、沙参、麦冬等；气滞血瘀，常用桃红四物汤、失笑散为主，加瓦楞子、九香虫等；远血加阿胶珠、侧柏炭、地榆炭、炮姜炭；夹痰加半夏、橘皮络、全瓜蒌；胃热伤络，用犀角地黄汤（犀角现已代用）加生军、藕节、白茅根。

张泽生认为，慢性萎缩性胃炎的用药，要善用甘温调中，慎用开破；气阴两补，应甘温而不燥，柔养而不腻；要散中有收，用气药则兼血药；要开痹散瘀，当先疏启其中。总以权衡升降润燥为要。

他强调，在应用理气药时要慎重选择，因萎缩性胃炎多数病程较长，灼伤气阴，用之不当则常因辛燥香窜之性而耗散气血，助热伤阴。若合并溃疡病，久服还易导致出血之变。他的经验，理气药以木香、陈皮、佛手较为平稳，止痛药则以乳香、没药为佳。

一男，44岁，患慢性萎缩性胃炎4年，胃痛隐隐，发作无规律，经常泛吐清水，苔薄，脉细。辨为中虚气滞，胃气失和，用温中和胃法，药用炒党参、蒲公英各15g，炒白术、茯苓、制香附、白芍各9g，干姜、桂枝、木香各5g，甘草3g。服药2月余，每日1剂。复诊：上腹胀痛或醋心，纳谷尚可，苔薄腻根黄，脉小滑。此为中虚湿邪不清，用养胃膏（白芍12g，蒲公英15g，紫河车、乌梅、绿萼梅、青木香各3g，分二次服）合香砂养胃丸5g，一日2次，继服半年。再诊：胃脘痛偶作，苔黄腻，脉细。证属痰湿中阻，受纳无权，以化湿和胃为主：炒白术、茯苓、法半夏、炙鸡内金各9g，焦楂曲各12g，陈皮、木香、厚朴各5g，炒谷麦芽各12g。服3个月后复查胃镜，转为慢性浅表性胃炎。

第六，实践创新，不泥旧说。

张泽生重视临床实践，善于总结经验，发

现问题，提出新见，不泥于旧说。如对叶天士“胃宜润降”的主张，他就不完全赞同，指出胃病日久，易伤胃阳，胃阳不振，可致寒凝气滞，痰饮内停，治当用辛热温燥之味，怎宜润降？再如对“痛忌补法”之说，指出仅限于实证，而不适用于虚证。他引临床统计资料，认为慢性胃病以虚为多，不但可补，且必须补。这与程钟龄“若属虚痛，必须补之”之旨相合。

对于舌诊，他的经验是：舌质偏淡胖，边有齿印，或舌质淡紫，中有裂纹，苔白或白腻，多属脾气虚。舌红苔少，干绛无苔，舌中有裂或苔糙白，或舌苔剥裂，舌体干瘦者，多属胃阴不足；淡红无苔，多属气阴两虚。

此外，他还认为，“口渗清涎不是脾虚，多为虫积”，“向日好饮（嗜酒），胃中必有蓄瘀”，“中年以后，脘痛不止，呕吐黏涎，状如粉丝者，多属于恶变”，“中年以后，脘痛反复不止，便黑形瘦，平时善郁，或呕黏液血丝，当虑恶变”，等等。

三分治疗，七分调理。这句话对慢性脾胃病患者尤为重要。因此，在应用药物治疗的同时，张泽生十分重视对患者的综合调养。首先，怒伤肝，肝失疏泄则乘犯脾胃，致病情加重。故他要求患者在情志上一定要保持乐观，消除恐病心理，不生气，不忧愁。其次是饮食，《内经》云：“饮食自倍，肠胃乃伤”，因此，患者一定要坚持不进油炸、油腻、过分辛辣或冷冻的食品，细嚼慢咽，多进容易消化、有营养的食物，以减少对胃黏膜的刺激和损害。再次是要避寒保暖，“十个胃病九个寒”，寒主收引，胃喜暖恶寒，胃部的保暖是必要的。气候变化时，要及时加减衣被，以免引起病情反复。张泽生常要求慢性胃脘痛患者自制一棉布肚兜，佩戴在胃脘部。这虽然简单，却十分有效，可明显减轻胃痛，减少胃病的发作次数。

父业子继奋自强 主攻脾胃有创建

张泽生与夫人吕仪芳共育有三子一女，长子春晖，次子新晖，三子锡晖，女儿茂育。在张泽生诊所业务繁忙时，女儿茂育曾帮忙抄写处方，但并未行医。只有次子新晖，成年后一直随父学习，从事中医事业。张新晖成年时，张泽生在丹阳已经享誉一方，事业蒸蒸日上，就诊病人众多，业务十分繁忙。当时张新晖刚刚从上海徐汇中学毕业，让他学医是顺理成章的事。当然，跟父亲学医也一直是张新晖自幼的梦想和追求。生长在名医家庭里，耳闻目睹父亲救死扶伤，受人尊敬，张新晖对中医充满神往和好奇。“像父亲一样做一个救死扶伤的大名医”，成了他幼年时最大的理想。

真正促使张新晖立志学习中医的，还是在他患了一种怪病，历经生死之劫以后的事情。那时，不知什么原因，张新晖突发全身浮肿，身体虚弱。起初张泽生尊奉“医不医自家病”的规则，请丹阳城里有名的中西医为儿子开药治病。不料病情不但毫无起色，而且越来越重，生命垂危。医生均婉言谢绝为张新晖继续诊治，认为已经“不治”，家里甚至都为张新晖准备了棺材。望着摆在家中的黑漆棺木，想到心爱的儿子将睡入其中，张泽生难过之极，转而一想，求人不如求己，还是应抛弃一切世俗观念，尽力去抢救儿子。他决心要用中药把儿子从死神手中抢夺回来，于是立即查阅《张氏医通》等书籍，并翻出以前跟师学习时的记录，逐渐有了治疗思路。他认为，治疗此类原因不明的危重症，可从调理脾胃入手，让病人饮食得进，营养能够吸收，才能逐渐消除其水肿。在张泽生的精心调理下，奇迹真的出现了。张新晖的身体逐渐好了起来，水肿也逐渐消失了。张新晖病好之后，对中医更是产生了浓厚的兴趣，要求从父学医。张泽生也感到儿子体弱，学医更有利于他日后对自己身体的调理，遂同意并为其更名为“继泽”，意即希望他能传承自己的衣钵，继续张家救死扶伤的大业。

张继泽开始学习中医后，发现中医学确实是博大精深。古典文献汗牛充栋，又没有系统的学习教材，他只能按父亲指定的《本草从新》、《汤头歌诀》、《黄帝内经》、《伤寒杂病论》等书自学。而张泽生诊务繁忙，仅靠业余时间教授儿子一点知识。这样下去，要想让儿子早日成为一名医生是很困难的。这时，恰逢同是孟河医派弟子、丁甘仁的孙子丁济万任校长的上海中医专门学校招收第三十届学员，张泽生遂送张继泽前往学习。

1945年，张继泽抱着对中医的无限热爱和深厚感情，前往上海中医专门学校学习。当时，授课的老师俱是上海乃至全国鼎鼎有名的中医专家和学者，如丁济万、黄文东等，所授课程除解剖学、生理学等一小部分西医课程之外，基本是《黄帝内经》、《伤寒论》、《金匮要略》、《温病学》、《汤头歌诀》、《中药学》、《方剂学》等中医内容。因此，张继泽进步很快，考试成绩也都名列前茅，多次受到学校的表扬和嘉奖。

毕业后，张继泽回到父亲身边，继续在父亲的诊所工作，后被丹阳卫生局送到苏州卫生干部学校学习西医知识。1952 年，又被派送到卫生部举办的“北京中医进修学校”第六期“师资班”学习。班上的老师均是水平一流的北京医科大学教授，因此张继泽又有机会受到了一次系统、全面的西医知识教育，从而成为既掌握中医知识又懂西医知识的中西医结合人才。

1953 年，张继泽回到江苏，被分配到江苏省卫生厅社会医生管理科工作。1969 年，张继泽到南京汤山煤矿医院工作，因地制宜，为医院建立了中医科和中药房。张继泽用他所学的中医知识，发扬中医的“简、廉、便、验”特长，为矿工诊治疾病，深受矿工欢迎和爱戴，以至于1974年他被调至江苏省中医院工作时，矿工们自觉在厂区排起长队，恋恋不舍地送他离开医院。

张继泽调至江苏省中医院后，担任医院的副院长，一半时间从事医疗工作，一半时间从事医院的行政工作。他经常跟随张泽生到病房查房，或到门诊抄方，继续向父亲学习中医临床技术。他白天临证抄方，晚上就不懂之处请教张泽生。如一中虚气滞的胃炎患者，胃痛发胀，痛时喜按，得食可缓，张泽生用小建中汤加味。张继泽问父亲，为什么用桂枝时必加白芍。张泽生告知，桂枝辛温通阳，可去胃中之寒，但恐其辛温伤阳，加白芍既能去其寒，又能防其伤胃阴。真是一语点醒梦中人，张继泽对父亲的医术更是崇拜不已。

张继泽选择中医脾胃病为自己的主攻方向，积极探索中医药治疗慢性萎缩性胃炎的思路与方法。他在继承父亲经验的基础上，结合孟河丁派学说，主攻脾胃系统疾病的中医诊治，提出萎缩性胃炎的主要病机不是胃阴不足，而是中虚气滞夹寒。他认为，中虚气滞夹寒不仅是萎缩性胃炎的基本病理和主要证型，而且是导致本病的主要原因，因此主张采用甘温调中法治疗慢性萎缩性胃炎。

张继泽认为，脾胃之气即是胃气、中气、胃的生生之气。胃为五脏六腑之源，气血生化之本。中气旺盛则化生气血，充养五脏六腑，脾胃亦得自养。若中气不足，脾胃功能衰减，则纳运失常，生化乏源，气机不得舒展畅运。久则胃之络自痹，气血运行受阻，胃黏膜不得营养，渐而萎缩。继续进展则胃腺细胞发生形态改变，出现肠上皮化生或不典型增生。其中气之所以虚者，或为饮食劳倦，或因寒湿生冷所伤，或思虑过度，或药食过偏，或久病中焦困乏，或年高脾胃之气渐衰。胃病日久，由气入血，中气受伤，更是常见原因。其治疗应遵循“脾胃属土，唯火能生”的原则，以甘温调中为主。根据现代科学研究，凡属于脾胃虚弱的患者，普遍存在代谢低下，表现为各脏器机能衰退，神经一体液调节紊乱，组织耗氧量下降，基础体温偏低，糖元储备减少以及糖利用不足等，说明胃气盛衰对人体机能状态有着广泛而深刻的影响。事实上，从营养角度来说，脾胃是提供水谷精微的主要器官，脾胃损伤就会造成不同程度的全身营养不良，其中包括胃本身营养不足，以致胃体组织的生长、再生和修复都受到损害而发病。

张继泽通过长期临床观察，发现慢性萎缩性胃炎在经过较长一段时间治疗后，有相当部分的病例由胃黏膜萎缩转为浅表性胃炎，肠上皮化生亦可消除，因此他在 1981 年撰文指出，慢性萎缩性胃炎经积极正确的治疗是可以逆转的。该认识不啻为医界先声，既消除了患者的恐癌变心理，又于医患双方有纠偏救弊之功。

张继泽治疗萎缩性胃炎采取两步方案。第一步是针对不同的病机加以辨证论治，常分为四型：一是中虚气滞证。主症为胃脘隐痛，痞胀不舒，喜热喜按，得食则缓，舌苔薄白或白腻，舌质偏淡，脉细。方用小建中汤或黄芪建中汤加减。二是肝胃不和证。主症为胃脘胀痛，连及两胁，常因情志不畅而病情加重，以女性占多数，兼见呕吐泛酸，频频嗳气，舌苔薄黄或腻，脉小弦。方用柴胡疏肝饮加减。三是胃阴不足证。主症为胃痛隐隐，或如火灼，食欲不振，口干口渴，嘈杂如饥，五心烦热，大便干结，舌红少津，苔少或花剥，脉细数。方用沙参麦冬汤或一贯煎加减。四是气滞血瘀证。主症为胃脘疼痛，经久不止，状如针刺，食后痛甚，入夜痛剧，疼痛固定不移，或有黑便，舌质偏紫或有瘀点，苔薄黄，脉细涩。方用血府逐瘀汤加减。对有夹湿、夹痰及食滞等兼症者，治疗时应加用相应的药物。痰湿重者，加二陈汤、炒苍术、炒苡仁、茯苓；因饮食不慎者，重用砂仁、炒山楂、鸡内金、炒麦芽、炒谷芽等。胃痛明显者，常加白芷、象贝、延胡索止痛；胃胀常用枳壳、青皮、枸橘李、刀豆壳、川朴、佛手以消胀；呃逆多的常用丁香、柿蒂、槟榔；嗳气多的常用降香、代赭石；胃部怕冷的常用桂枝、白芍（量须倍于桂枝）；胃酸多的常用左金丸加煅瓦楞、煅乌贼骨、白芍、象贝以制酸；有溃疡的常用白及粉、三七粉加藕粉调服。舌苔厚腻者，重用炒茅白术、陈皮、法半夏、川朴以化湿痰；大便偏干的，常用枳实、全瓜蒌、决明子通便；大便次数偏多的，用煨木香、炒建曲、炮姜；胃纳不香的，用炒山楂、鸡内金、砂仁、炒谷麦芽。

当临床症状已趋稳定后，可转入第二步论

治，即改用益气活血、调中和胃方，重用益气活血和防癌之品，坚持守方治疗，以促使胃黏膜萎缩和肠化逆转。常用党参、黄芪、太子参益气，当归、川芎、红花活血，重用生苡仁、半枝莲、白花蛇舌草防癌抗癌，同时加用保护胃黏膜的木蝴蝶、凤凰衣等品。坚持服药3～6个月，可使胃部气血流畅，损伤的黏膜得以修复。

南京军区退休干部薛某，因反复右上腹隐痛三个月，于2003年胃镜检查出萎缩性胃炎伴肠上皮化生。本来安逸的退休生活突然被扰乱，他顿觉得了不治之症，悲观恐惧。后经好友介绍，找到张继泽诊治。刚开始时他意志消沉，且因长期在军区医院找西医诊治，不太信任中医。初诊时，张继泽即为其详细说明萎缩性胃炎的病因、病机及治疗注意事项。经过两次诊治，胃痛及其他症状缓解，患者逐渐产生信心，对中医疗法开始信任。持续服中药半年后，复查胃镜，原有的萎缩性胃炎已经转为浅表性胃炎，肠上皮化生也已消失。此后每年定期做一次胃镜，从2004年至今未再复发。

张继泽先后发表《关于萎缩性胃炎的几个问题探讨》、《萎缩性胃炎的辨证论治》等学术论文28篇。1990年8月他应日本北海道汉方医学会、东洋医学会的邀请，参加了第十三届年会，并在会上作了关于“萎缩性胃炎诊治”的学术报告，荣获该会颁发的感谢状。

张继泽还创制了治疗高胆红素血症的专用方（青黛、明矾、郁金、大黄）。南京长江航运局一职工，因患长期原因不明的高胆红素血症，全身黄染，不思饮食，中西医治疗多年不能起效，服张继泽此方后，总胆红素、直接胆红素、间接胆红素均降至正常范围，至今身体康泰。安徽滁州张女士，患头痛10年，痛势如锥，到处求治不效，张继泽给其服用了治疗顽固性头痛的专用方（白芷、僵蚕、葛根、川芎、钩藤、天麻等），3 个月后头痛痼疾彻底治愈。

作为张泽生的衣钵传人，张继泽除对脾胃病诊治有专长外，家学渊源，使他对其他疑难杂症亦有较深造诣。在继承其父经验基础上，他运用中医中药诊治脾胃病又有所发展。他主张采用大剂甘温调中法治疗慢性萎缩性胃炎。他创制的温阳健胃汤，主治中虚气滞型的慢性浅表性胃炎、萎缩性胃炎及十二指肠球炎，疗效卓著。

旁猎温病和杂症
据证立法出奇兵

张泽生临证经验丰富，临床所治除脾胃病之外，还擅长治疗温病。他认为，治疗温病一是发汗须及时，但不宜过汗，发汗应以遍体微微有汗为度。汗出过多则耗伤元气。汗出不彻，邪恋不去，又达不到汗出邪去的目的。二是要注意热易伤阴，保津为要。人体五液所化本乎津，而阴液之竭唯乎火，温易化燥，热易伤津，留得一分津液，便有一分生机。三是热结肠燥，治宜润下。下法可使内积之邪从下而解，达到泻下清热，通导积滞的目的。尤其是苦寒攻下，在温病中运用较多，且奏效迅速。在既有热结，又有阴亏时，则要用润下法。该法不是强力攻下，更劫其液，而是润燥与通便相结合。四是体虚外感，扶正为要。若只顾祛邪，外邪非但不去，反可伤正，而致病邪入里，使病情加重。五是治泻常以运中为主，治痢常以通法为先。六是病后要善于调理，不忘胃家，即要十分重视病后饮食的调理。如舌苔腻者，应少食甘肥油腻之物。如舌红苔剥或舌红少津，则忌食辛辣刺激之品，如葱、蒜、韭、椒及煎烤油炸等食物。如过食生冷，则可导致病情反复。总之，以少食多餐、易于消化而又富有营养之食物为宜。

张泽生博采众长，治疗思路广阔，常涉猎疑难杂症。他认为，《张氏医通》平正不颇，值得为医者潜心领会，但亦要学《备急千金要方》，因其中多有出奇兵者。奇方应用得好，则很有可能会出奇效。

1979 年 12 月的一天，外科许履和主任亲自登门，请张泽生为其子诊治，希望免其已准备于次日进行的十二指肠球部溃疡手术。患者

30岁，患十二指肠球部溃疡已十余年，中虚已久，近因合并幽门梗阻和上消化道出血入院，治疗已半月。经治大便隐血虽已转阴，但仍频繁呕吐，呕吐物中夹有两日前所食之物。两日来不能进食，胃脘胀痛，牵及两胁，自觉气往上逆则呕吐酸水痰涎，夹有宿食，大便干结，四日未解。脉沉弦，右实，舌质红，舌心苔黄腻。胃失通降，急则治其标也。处方：薤白、全瓜蒌、川军、黄连、淡吴萸、枳实、苏梗、木香、炒白芍、陈皮、姜竹茹。

当时，陪同会诊的张泽生的孙子张履南医生不解其中奥妙，就在会诊后问爷爷："此病名胃反，古人云'食入反出，是无火也'。爷爷为何反而用承气、黄连，而非苓桂术甘、大半夏等方？"

张泽生笑答道："看病应据证而立法用药，不能仅据本本或条条。此案胃痛既久，中虚脾运不健，致痰饮、宿食停滞于胃，从本而论，当补脾气、温脾阳、化痰饮、消宿食，但刻下痰浊宿食积滞已经化热，标实标热而且标急，中医不是讲急则治其标的吗？你回去看看《备急千金要方》，其中治胃反多有用大黄者。”

张履南见爷爷这次出手与平日颇有出入，仍心存疑虑。为知“奇兵”之效，他第二日晨起后即赶往病房，欲一探究竟。只听当晚值班医生介绍说：“一剂后，泻稀水二次，夹燥屎六七枚，顿觉上下气通，胸腹舒畅，其苦若失。”又去病房，见病人已能坐起，正在进食稀粥，张履南心中对爷爷钦佩不已。

如果说上面这则医案，张泽生是用祛邪治标而取胜的话，那么下面的医案，张泽生又“化腐朽为神奇”，以极其普通的小柴胡汤，治愈了一例急性胆管炎合并败血症的患者，更让亲眼所见的张履南再次震惊。一位急性胆管炎合并败血症的患者，虽然已经过大量抗生素和激素的多日治疗，但 40℃以上的弛张热却依然往来。张泽生切脉察舌后，嘱予小柴胡汤原方治之。回家的路上，张履南问道："如此严重的病症，小柴胡汤能管用吗?"张泽生肯定地回答说："往来寒热，小柴胡汤管用。"

两日后去复诊，知一剂后患者即热退，而未再发作。见张履南吃惊不已，张泽生遂走到门口，将门关起后又打开来，说："少阳枢机就好比表里之间的一道门，如其开合不利，则内外之寒热不能调和。关死则热，开大则寒，故往来寒热。小柴胡汤和解少阳，使这扇被卡住的门恢复自如地开合调节，寒热就不复往来了。"爷爷的这番解释使张履南茅塞顿开。之后，张履南在临床上用小柴胡汤治疗风湿热、败血症以及不明原因而致的往来寒热，疗效确实奇特。

一次，张泽生在门诊带教南京中医学院的实习生。一个急腹痛病人，年已60多岁，当脐腹痛，食入痛更甚，二便正常，大便化验未找到虫卵，痛势相当剧烈，脉沉弦，苔薄腻。作肝脾不和治疗，拟当归、醋柴胡、枳壳、青皮、白芍、香附、乌药、川楝子、木香、佛手等，服三剂无效。第二次来诊，以为是寒气致痛，方中加肉桂八分。服三剂后，腹痛反增，呻吟不已，且吐血半碗。张泽生自思道：如属肝气不调、肝脾不和或寒气凝聚引起的腹痛，服用上药，应该痛减，何以反加吐血？莫非是瘀血腹痛？遂将原方去肉桂，加五灵脂三钱。病人服了三剂来复诊，说这三剂药对症了，病已十去其八，东西吃下去也不痛了。实习学生问："上次方中用肉桂不是很好的吗，何以改用五灵脂而取效？"张泽生说："沉香、肉桂都是很好的止痛药，但要看用得对症不对症。此人腹痛不是寒气痛，服之无效，反加吐血，食入则痛剧，痛有定处，可能系瘀血作痛，所以去肉桂，改用五灵脂，服之痛得缓解。五灵脂小量能化瘀止痛，大量可破血。中医治病，重在辨证，此人脉象、舌苔没有宿瘀迹象，素来也不沾烟酒，形体清瘦，以往也没有胃脘痛史。大凡暴痛属寒，久痛多虚，得食则缓，他的病得食痛剧，痛有定处，则属于实痛、瘀痛。起初忽略了得食痛剧、痛处固定不移这一点，所以服之无效。”他还认真地对实习学生说：“中医药博大精深，辨证真的很难。希望你们今后能养成孙悟空的‘火眼金睛’，首诊时就能准确识证，以便快速起效，减少病家的痛苦。”

张泽生在长期临床实践过程中，充分发挥中医辨证论治的优势，成效显著。尤其是对一些西医尚查不出原因或没有器质性病变的病症，通过中医辨证施治，多数可以治愈。如他曾应邀到江苏省工人医院会诊一病员，姓李，女性，患浮肿瘫痪二年，忽然昏厥，不省人事。急送工人医院抢救，昏厥治愈，浮肿瘫痪如故，收入病区治疗。经多种检查，并做骨髓穿刺，都不明原因，拟诊瘫痪及酸中毒。经用各种药物治疗，以及本院、精神病院、军区总医院会诊，均无明确诊断。张泽生会诊后，见病人全身浮肿，手足能动作，但不能起坐和下床站立，头面粉刺很多，捏之出白色分泌物，心烦难过，足底发热，口干，小便少，大便正常，食欲尚可，脉濡数，舌苔黄腻。按中医辨证，属实多虚少，气虚湿盛，所谓“湿热不攘，大筋緛短，小筋弛长，緛短为拘，弛长为痿”也。又阳明脉衰不能束筋骨以利机关，用四妙汤加桂枝、防风、防己、黄芪、泽泻、车前草等。一星期后又去会诊，诉服第一剂药吐去一半，服第二剂药出一身汗，浮肿已全退，足底发热及心烦俱好转，唯小便黄而少，且热烫刺痛。开始西医认为是缺钾，已补过钾，并服用氯化钾、乳酸钙等，这次服中药后浮肿已退，手足伸屈自如，握拳有力。处方完毕，家属问张泽生是什么病。张泽生说，西医做过多种检查，不明原因，中医虽不能判明究竟是何病，但可通过四诊资料进行辨证论治。只要辨证论治正确，一样可以达到治疗效果。该患者是湿热伤筋，属于中医痿症一类疾病，辨证运用中医治疗痿证的传统方——四妙汤，已经获效，反证了辨证论治的准确，当击鼓再进。嘱将原方去黄芪、防风、桂枝，加重黄柏、木通、甘草梢、萆薢用量。此药共服八剂，再去会诊，病情大有好转。小便热烫刺痛服二剂后已消除，心烦难过亦消除，足底还有些发热，已能扶持下地行走。再将原方去木通，因其舌苔转白，食欲不香，两腿站立发酸、隐痛，原方加五加皮 9g。服 14 剂后，病获痊愈。

医案医话细揣摩
诊余日记弥珍贵

张泽生认为，医案齐备理法方药，是先贤治验的原始记载，犹如大匠之绳墨，能示人以规矩。一边临床，一边经常翻阅医案，对辨证施治大有裨益。有些按语，有作者的见解、批评、讨论，阐发前人之未发者，很有启示作用。临床遇到的一些疑难杂症，或久治不效的病例，往往能从前人的医案中得到启示或借鉴。所以，张泽生常说："非详究古人治验，不能识治法之奥。"如张泽生从《辨证奇闻》中录一治不寐方：茯神三钱，麦冬、熟地各一两，丹参三钱，黄连二钱，生枣仁四钱。后遇一患者，失眠十余年，每夜必服安眠药三四种才能入寐，中药常法少效，张泽生即用此方加朱珀散，令之吞服，30剂即能安卧。后治多例，均取显效。

缩泉丸是中医用来治疗小便失约证的，张泽生根据中医异病同治原则，用于治疗一口中渗水不止的怪病，获奇效。患者为仪征县的一位50岁中医师，患口生清涎五六年，中西医治疗无效。舌下廉泉终日如泉水上冒，从下唇外流不止，心中如火之燔灼，而口不欲饮，腰部觉冷，饮食、大小便如常，脉沉细，苔薄白。检查大便，未发现寄生虫卵。精神病院按类似癫痫诊治，省中医院一位医师用温肾滋阴、运脾和胃治疗，均罔效。张泽生会诊后认为，《内经》曰：肾为唾，脾为涎，当从肾虚则水泛上源，脾虚则统摄失权立法。因久病，服水药不合适，改用成药缩泉丸合香砂六君子丸，和匀吞服。半月余后，患者托人来告，口水已经大大减少了。嘱再服三月以收功。张泽生后来对其他医师解释说："这种口生清涎的病，旧社会乡间乳孩不卫生易患，再有大人中风过亦有此后遗症，此类病人实属少见。临诊时其有两特殊之处引起我的重视，就是口生大量清涎而心中如灼，腰部寒冷。所以病在脾肾，脾为涎，肾为唾，是脾不辍涎，肾水上泛。缩泉丸是治小便多的，我用来治口涎多，乃属于中医的异病同治。”

有一位拖板车的工人，因发热下血而入院，在检查时发现脘下有一包块，不痛。经治后，发热、便下紫血均愈，而腹部日见鼓胀，渐至脐突腰平，青筋暴露。化验结果，既不是肝硬化，也不是肾炎腹水。用补气、温阳、健脾均不效，已住院半年余。天气渐渐寒冷，患者宿病气管炎复发，咳逆痰多。张泽生改变治疗原则，按痰饮咳喘治疗。患者服温肺化饮之剂后，腹胀日渐消退，小便增多，食欲增加，即遵此法进治。腹胀全消，终于愉快出院。张泽生据此认识到中医基础理论的重要性，认为中医治疗须从多方面考虑，有正治反治。此类饮邪化水的腹水，以前治疗用温肾运脾逐水，虽然不错，但没有温肺化饮，所以无效。肺为水之上源，主一身之气，气行则水行，的确是至理名言。

医话中不乏前人对某些问题的精辟见解，也有经验教训、心得体会，或对一方一药的见解，内容广泛，诸多精要寓于其内。在读这些书的时候，张泽生喜欢结合自己的经验教训，或根据需要，把其中精华提炼成自己的知识，或称临证偶得，随笔写成诊余日记，经常翻阅，起到温习、加深印象或触发灵机的作用。张泽生先后集有十多本诊余日记，可惜均于20世纪60年代被毁，所剩无几，令人痛惜！兹录幸存下来的几则日记如下，以飨读者：

（一）胸痞之症，舌苔见黄燥，方可议下。黄而不燥，仍可宣泄以驱之入胃，或苦温佐之。化燥见黄，方可用苦泄，泻心、陷胸之类。黄白相兼或灰白色，仍用开提，以达之于肺，不可误也。

（二）温病如见以下诸证，属危证，须提高警惕。初起耳聋、战汗痉厥、神昏内闭、喘如拽锯、汗多亡阳。

（三）有一种不因时邪内侵而由里自发的伏邪温病，初起即见神昏耳聋，舌红而干或舌黑唇焦，津液不腾，脉象沉数，或至数不清，甚则肢厥而痉。当用犀角地黄汤（犀角现已代用）及清营汤、紫雪丹等，急清阴分深伏之邪。若营气复得一分，则邪气出得一分，渐渐由血分达气分，如盗贼由内室出厅堂。此时必然大渴引饮，有汗，脉洪大，苔黑变黄，舌红绛，渐生新苔，尽现气分诸候，遂改用竹叶石膏汤及人参白虎汤，则邪去正复，脉静身凉。

（四）肺痈，表热不退，呛咳胸痛更甚，臭痰更多，口渴，苔黄，脉滑数，此已酝酿化脓，疮疡已溃，蕴毒甚重。急宜排脓解毒，宜甘桔汤加石膏、花粉、芦根、黛蛤散、生苡仁、鱼腥草等，务使秽脓排尽，不致蔓延。如见气喘不平，秽痰难出，急用葶苈大枣泻肺汤，另用鲜苡仁米根捣汁冲服，此为治肺痈除臭痰的特效药。如能热退咳减，臭痰逐渐减少，偶或痰中带血，此系蕴毒将尽，只须清化余邪蕴热，此是第二阶段。另以单方陈芥菜汁、生苡米根杵汁服，或煎汤代茶亦可。

（五）久咳伤肺，津不上承，干咳咽痛，音嘶，此咽痛与饮咽无关，中医所谓阴虚喉痹，又称肺花疮。须培养肺肾，又不能过服寒凉药。到此境地，脾土亦弱，又怕过用寒凉伤脾。如再脾伤，即属过中，不治之证。一般多用生脉散和六味丸、百合固金汤等法。如系虚劳失音，到此地步，不易挽回。以上所谈俱属临床实践经验。实证切不宜过用寒凉滋腻之剂，因肺为娇脏；如系虚证，切不宜过分疏散，致伤肺气。

（六）齿衄，由齿缝溢出成条成饼，鲜紫浓厚者，为阳明胃经积热，犀角地黄汤（犀角现已代用)、清胃散、玉女煎治之。如果血色黯紫或如杨梅汁，此是肾虚阴火上扰，知柏八味丸少加肉桂或附子，四生丸亦可并用，外用生附子末，鸡蛋清调敷涌泉穴，或用吴萸、黄柏末亦好。

生为典型经验在
泽流万家风范存

张泽生热爱祖国，热爱中国共产党，积极响应政府的号召。1950 年，他放弃个人业务，带头组织乔家巷联合诊所，积极工作，不为名利，不计个人得失，虽收入明显减少，但从无怨言，为同道所称赞。1950～1956 年，他连续当选为丹阳县人大代表。

1954 年，张泽生应江苏省卫生厅之邀，出席江苏省首届名中医座谈会。1956 年，江苏省中医院成立后，他接受江苏省卫生厅之聘，毅然离开家乡，到江苏省中医院工作。1981 年，他被国务院学位委员会评为首批中医内科学博士研究生导师。1958 年至 1983 年，他先后当选为江苏省政协委员、常委，江苏省中医学会常务理事。

张泽生的一生经历了晚清、民国政府、中华人民共和国三个时期，无论是动荡年月，还是太平时日，他总是“学字当头”，时刻不忘学习。他深知医学知识博大精深，绝无止境，必须活到老学到老。他认为，随着社会的发展变化，疾病谱和病人的体质、需求均发生不同程度的变化，如果医生的知识不随之更新，便不能适应时代变化，疗效就会下降。所谓“古方不能治今病”也。如在中华人民共和国成立之前，农村温病疫疠流行，病者中原体质较强者，反而危症重症颇多。张泽生参酌明清诸家及老师的学术经验，用药胆大心细，当补则补，当泻则泻，承气抵当不嫌猛，黄芪熟地不嫌补，附桂理中不嫌温，知柏石膏不嫌寒，的确治好了许多重症险症，因而声名得振。及至中华人民共和国成立，他由小城镇到了大城市，病种和患者的体质、生活习惯、风土人情等不同了，就又有不同的治疗方法。这不仅要在实践中摸索，而且要不断学习。张泽生经常研读《医醇賸义》、《丹溪心法》、《叶氏医案存真》及近代恽铁樵、陆渊雷等大家的著作。20世纪70年代后期，根据肿瘤病人越来越多的情况，张泽生又专门研究了8年肿瘤的治疗，积累了不少经验。1975年后，张泽生发现中国人慢性胃炎十分普遍，患者长年遭受胃痛胃胀的折磨，遂把主要精力放在脾胃病的调治上。特别对萎缩性胃炎，他通过几年摸索，逐步认识到萎缩性胃炎并非多属阴虚，如套用过去养阴法治疗，病人药后常见纳呆、便溏等症。张泽生见此类患者多纳少、脘痞、形瘦、便溏等，从中虚气滞论治，甘温补中为主，少佐辛香行滞，不仅可改善自觉症状，而且能促进病理改变逆转，从而摸索出一套慢性胃炎的有效诊治手段。初步统计经他治疗的197例萎缩性胃炎，好转率达86％，短期治愈的达10％。

张泽生临床诊疗之余，喜欢找朋友切磋围棋和练习书法。他认为，多习围棋可开拓医生思维，有助于把握中医的整体观和辨证论治；常练书法则能锻炼医生的体力，更能安定医生的神志，做到不急不躁，淡泊名利，一心一意救死扶伤，超越物欲。张泽生不善言辞，一生酷爱梅花。他的好友汪霭士（著名京剧表演艺术家梅兰芳的老师）以画梅花出名，知张泽生爱梅花“傲雪斗霜”，每年都要托人从北京送一幅梅花扇面来。张泽生总是爱不释手，至今仍有一把收藏在江苏省中医院“中医学术传承与发展研究中心”展柜中。

幼时的私塾教育，培养了张泽生对古代文学、历史的兴趣。他喜欢读古典文史书籍，除经常翻阅一些名家医案、书籍外，还喜读《红楼梦》、《三国志》、《西游记》等古典文史作品。这些书中记录的不少医药知识，他摘抄下来，验于临床，有些还真解决了一些问题。张泽生常对学生说，中医上溯轩岐，几部经典文字艰涩古辟，质奥难窥，非学识肤浅者所能明其旨也。医者，意也。只有善于体验、意会，才能探其意趣，有所启悟。所谓“神明其意于法之中”，可见文之与医，关系密切。一部《红楼梦》，涉及的医药卫生知识计 290 多处，记载的病例 114 种，中医病案 13 个，方剂 45 个，中药 125 种，西药 3 种。一部小说中包含如此丰富的医药知识，这在中外文学史上是绝无仅有的，多么值得我们学习中医者重视和研究啊。

张泽生从《红楼梦》鳖血炒柴胡得到启发，用于治疗一例肿瘤手术后长期发热难退的病人，取得奇效。中医一直很重视药物炮制，认为药物经过特殊的炮制加工，其药性可能发生改变。这一观念在《红楼梦》中也有体现，如在第八十三回中写道：王太医写了那段脉案后，又将七味药与引子写了。这时王太医与贾琏有一段对话：

（贾）问道：“血势上冲，柴胡使得么？”

（王）笑道：“二爷但知柴胡是升提之品，为吐衄所忌。岂知用鳖血拌炒，非柴胡不足宣少阳甲胆之气，以鳖血制之，使其不致升提，且能培养肝阴，制遏邪火。所以《内经》说：‘通因通用，塞因塞用。’柴胡用鳖血拌炒，正是‘假周勃以安刘’的法子。”

这里，柴胡用鳖血拌炒后就改变了本身的药性。柴胡生用时性微寒，味苦辛，具有和解退热、疏肝解郁、升举阳气的作用，因此，王太医说“柴胡是升提之品，为吐衄所忌”。但药性的升降浮沉，在一定的条件下可以互相转化，正如李时珍所说：“升者引之以咸寒，则沉而直达下焦；沉者引之以酒，则浮而上至巅顶。”鳖血性寒味咸，具有滋阴、潜阳、退热之功效，用它拌炒柴胡，柴胡的药性就成了王太医所说的“使其不致升提，且能培养肝阴，制遏邪火”。故张泽生将其用来治阴血亏虚而出现的往来寒热证，就十分贴切了，取得奇效也就不难理解了。

张泽生既善治病，又善养生。自学医起，他不仅一心研习医术，更在历经世事沧桑后逐渐领悟了人生真谛。淡泊的性情让他生活俭朴，不图功名利禄，因而能够心态平和，特别是饮食起居有规律，三餐定时定量，从不暴饮暴食，且烟酒不沾，早睡早起，周末休息则与同院好友小聚，轮流做东。因此，张泽生虽然幼时体弱多病，但晚年很少生病，安享耄耋之年。

1985年8月6日下午3时50分，张泽生在他行医30年的江苏省中医院里，平静地走完了他的一生，享年90岁。全院职工沉浸在无比的悲痛之中。安卧在鲜花翠柏丛中的张泽生，周围摆满了生前好友和亲朋送来的花圈、被面、挽联。全国人民代表大会常务委员会副委员长彭冲亲自发来唁电，对张泽生的去世表示沉痛哀悼。卫生部中医司、中共江苏省委办公厅、江苏省人民政府办公厅、江苏省卫生厅等上级主管部门均发来唁电，对张泽生的去世表示无限缅怀。曾与张泽生一同跟随贺钧学医的名医颜亦鲁的挽联写道：“同卿同学同事互磋互砺，天视奈何先我去；教子教孙教徒有德有泽，振兴岂为一人伤。”本院干祖望教授的挽联写道：“痛曹翁未已，哭张老何堪。”南京军区一位领导同志送来的挽联写道：“泽流万家，医高方案犹在；生为典型，德重风范犹存。”他们均高度颂扬了张泽生救死扶伤、医技高超、救苦救难、泽被苍生的一生。

值得庆幸的是，张泽生虽然离我们而去，但他的学术经验不但传给了徒弟，他的儿子张继泽更是将其治疗脾胃病的学术经验发扬光大。

早在 1982～1983 年间，江苏省中医院就组织张继泽等人，利用先进的电子计算机技术，研制出了“张泽生教授脾胃病诊疗与教学应用软件”，并于1983年通过了江苏省高教厅、卫生厅组织的技术鉴定。该软件在张泽生去世后，仍然在门诊应用，为不少要求治疗脾胃病的患者提供服务。对接受该软件诊治的500例（207例复诊）脾胃病人治疗效果统计表明，诊断完全符合的475例（95%），疗效显著的68例（32.8%），有效的132例（63.8%），无效的仅7例（3.4%）。

郑某，女，53岁，患胃脘痛20余年，伴有腹泻、肠鸣、便溏，日行四至五次，无红白黏液，痛时喜按，喜暖恶寒，神疲，舌苔薄白，脉细。计算机系统辨证为脾胃虚弱，中阳不运。处方：潞党参10g，炒白术10g，桂枝3g，炒白芍10g，干姜3g，茯苓10g，法半夏10g，陈皮5g，木香5g。服药12剂后，腹痛大减，泻止。患者连称神奇，介绍多人前来找“计算机医生”就诊。

张泽生的一生，全部献给了中医药事业。

师出名门的他，用自己的睿智将孟河医派的学术发扬光大，造福了众多百姓，彰显了中医药独特的临床疗效和治疗优势。由他亲自创立的江苏省中医院脾胃病专科，成为国内领先的一流中医专科，国家中医药管理局重点专科，江苏省“一三五”医学重点学科。张泽生的后人中，共有五人从事中医工作。他们牢记张泽生“必使张代医业，永传不替”的家训，在各自的岗位上不断传承张泽生的学术思想。其子张继泽主编的《孟河医派传人张泽生父子医学经验集》即将出版。其孙女张挹芳创办的“泽生源”医学网亦已开通。张泽生的学术思想正通过互联网为更多的民众提供服务。张泽生虽然离我们而去了，但他的学术思想仍将由一代又一代的中医人传承下去，并将在未来的临床实践中结出更为丰硕的成果。

（撰稿人　陈四清）

《中华中医昆仑》丛书150位医家名录

（按生年排序）

张锡纯	丁甘仁	萧龙友	王朴诚	恽铁樵
曹炳章	冉雪峰	谢　观	施今墨	汪逢春
孔伯华	黄竹斋	吴佩衡	蒲辅周	陈邦贤
李翰卿	李斯炽	姚国美	陆渊雷	张泽生
时逸人	张梦侬	叶橘泉	王聘贤	陈慎吾
邹云翔	赵炳南	承淡安	余无言	刘惠民
岳美中	沈仲圭	秦伯未	赵锡武	韦文贵
程门雪	黄文东	赵心波	董廷瑶	吴考槃
章次公	石筱山	陆南山	张赞臣	李聪甫
刘绍武	陈存仁	朱仁康	陆瘦燕	姜春华
韩百灵	高仲山	李克绍	王鹏飞	刘春圃
金寿山	哈荔田	何世英	周凤梧	干祖望
关幼波	王为兰	任应秋	罗元恺	祝谌予
杨医亚	郭士魁	何时希	耿鉴庭	俞慎初

裘沛然	顾伯华	江育仁	邓铁涛	门纯德
刘渡舟	尚天裕	朱良春	李玉奇	程士德
尚志钧	赵绍琴	董建华	米伯让	李辅仁
张珍玉	班秀文	颜正华	于已百	颜德馨
路志正	方药中	王乐匋	黄星垣	谢海洲
余桂清	何　任	王子瑜	程莘农	陈彤云
焦树德	张作舟	张　琪	李寿山	张镜人
王绵之	方和谦	印会河	王玉川	蔡小荪
李振华	马继兴	王嘉麟	宋祚民	刘弼臣
王雪苔	刘志明	吴咸中	李今庸	任继学
裴学义	王宝恩	周霭祥	贺普仁	唐由之
赵冠英	许润三	金世元	陆广莘	刘柏龄
徐景藩	吉良晨	吴定寰	沈自尹	王孝涛
张灿玾	周仲瑛	强巴赤列	张代钊	李经纬
郭维淮	柴松岩	苏荣扎布	陈可冀	李济仁
夏桂成	郭子光	巴黑·玉素甫	张学文	陈介甫